Renate Henge

Seidenmalerei Tücher und Schals

FALKEN

INHALT

Vorwort 3

Ohne Material geht es nicht 4

Auf die Farben kommt es an 6

Techniken der Seidenmalerei 8

Abmalen und freies Gestalten 14

So wird die Arbeit fertiggestellt 16

Galerie der schönsten Tücher und Schals 18

VORWORT

Handbemalte Tücher und Schals sind Unikate, die eigentlich kaum bezahlbar sind. Versuchen Sie doch einmal selbst, eine solch hauchzarte Kostbarkeit herzustellen! Gleichgültig, ob Sie ein gegenständliches oder abstraktes Motiv planen, wichtig ist immer, daß das Muster auf dem Tuch auch richtig zur Geltung kommt. Es gibt viele Möglichkeiten der Flächenaufteilung. Gerade bei Tüchern und Schals kommen Muster, die sich um den Rand herumziehen, natürlich besonders gut zur Geltung, aber auch ein Mittelmotiv kann sehr dekorativ zu den Rändern hin verlaufen.
Wenn das Tuch oder der Schal nach Ihrem Geschmack entworfen und ganz auf Ihren persönlichen Stil abgestimmt ist, werden Sie an diesem selbstgefertigten Stück sicher viel Freude haben.
Dies Buch will Sie zum Seidenmalen ermuntern und Ihnen Anregungen für eigene Kreationen geben.

Diese beiden Tücher harmonieren, trotz ganz unterschiedlicher Techniken, wunderbar in den Farben. Die Orchideenblüten des Schals finden Sie auf dem Vorlagebogen. Das Tuch wurde in Aquarelltechnik mit vielen Linien und Kreisen gestaltet

OHNE MATERIAL GEHT ES NICHT

GRUNDAUSSTATTUNG FÜR DIE SEIDENMALEREI

Geeignete **Seide** gibt es in vielen verschiedenen Qualitäten im Bastelgeschäft. Wählen Sie für einen Schal oder ein Tuch eine nicht zu dünne Pongé-Seide. Auch Crêpe de Chine eignet sich gut, denn es ist noch dichter gewebt und sehr knitterarm, erfordert aber auch einen etwas dickeren Auftrag des Konturenmittels. Wichtig ist immer, daß die Seide keine Appretur hat.
Alle im Fachhandel erhältlichen **Seidenmalfarben** müssen, um licht- und reinigungsbeständig zu sein, fixiert werden. Aus dem großen Angebot an Farben habe ich für meine Arbeiten Kreul-Farben gewählt. Da gibt es zum einen die Javanna-Farben, die durch Bügeln fixiert werden, und zum anderen die französischen Seidenmalfarben, die eine Dampffixierung brauchen.
Da die meisten Bastelgeschäfte inzwischen einen Fixierservice anbieten, brauchen Sie sich nicht extra ein Fixiergerät anzuschaffen, um mit diesen Farben, die sich durch besondere Brillanz und Leuchtkraft auszeichnen, zu arbeiten.
Zur Grundausstattung gehört dann noch ein **Konturenmittel**, das entweder mit einer Tube oder einer Plastikflasche auf die Seide aufgetragen wird. Eine aufgesetzte Spitze ermöglicht es Ihnen, dünne und gleichmäßige Linien zu ziehen. Mit diesen Linien werden die Farbflächen eingegrenzt, so daß keine unerwünschten Verläufe entstehen können. Farblose Konturenmittel lassen den Untergrund durchscheinen, farbige, die es übrigens auch in Gold, Silber und anderen Schmuckfarben gibt, bleiben als Striche stehen. Sollen die Tücher später chemisch gereinigt werden, nur farblose Gutta verwenden.
Konturenmittel werden wasser- oder benzinlöslich angeboten. Benzinlösliche Gutta wird mit Feuerzeug- oder Waschbenzin verdünnt, wasserlösliche mit Wasser.
Zum Bemalen wird die Seide mit Hilfe von speziellen **Dreizackstiften** straff auf einen **Rahmen** gespannt, denn die Arbeit darf an keiner Stelle mit dem Untergrund in Berührung kommen. Solche Seidenmalrahmen gibt es in den verschiedensten Ausführungen im Bastelgeschäft.
Sparen Sie nicht bei der Anschaffung von **Pinseln**, denn die sind Ihr wichtigstes Handwerkszeug. Für den Anfang reichen drei verschiedene Größen. Behandeln Sie die Pinsel pfleg-

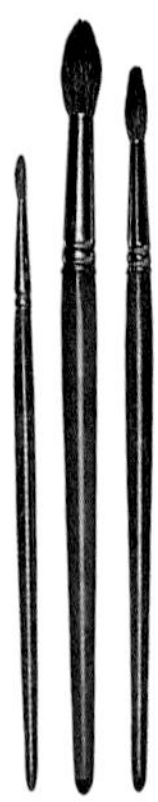

lich. Bewahren Sie sie immer mit der Spitze nach oben auf und lassen Sie sie nie im Wasser stehen.
Wenn Sie nach den Vorlagen in diesem Buch arbeiten wollen, brauchen Sie außerdem **Pauspapier** und entsprechend große Bögen Papier, um die Vorlagen durchzupausen und auf dem Entwurf anzuordnen.
Alle weiteren Materialien haben Sie vermutlich sowieso:

* Verschiedene Gefäße zum Mischen und Verdünnen der Farben
* Wattestäbchen zum Verreiben von kleinen Farbflächen
* Watte und eine Wäscheklammer für großflächiges Auftragen der Farben
* Möglichst grobes Salz für bestimmte Effekte
* Brennspiritus zum Verdünnen der französischen Farben (Javanna-Farben werden nur mit Wasser verdünnt)
* Weiche Bleistifte zum Übertragen des Entwurfs auf die Seide
* Selbstklebendes Kreppband zum Abkleben des Rahmens
* Wachstuch oder abwaschbare Unterlage zum Schutz der Arbeitsfläche

Diese Dinge brauchen Sie, um einen Seidenschal oder ein Tuch zu bemalen. Seidenmalutensilien gibt es in Bastelgeschäften

AUF DIE FARBEN KOMMT ES AN

Seidenmalfarben sind Konzentrate und lassen sich stark verdünnen. Bei Javanna-Farben wird mit Wasser, bei französischen Farben mit Wasser und Alkohol (im Verhätnis 1:1 gemischt) verdünnt. Soll eine Farbe besonders schnell trocknen, kann man auch auf das Wasser verzichten und mit reinem Alkohol (Brennspiritus) verdünnen. Dann muß man allerdings sehr zügig und nicht zu großflächig arbeiten, da der Alkohol schnell verdunstet und sich unschöne Ränder bilden können.

Will man das Tuch insgesamt farbig grundieren, arbeitet man am besten mit einem Wattebausch, den man mit einer Wäscheklammer festhält. Damit wird reichlich Farbflüssigkeit zügig von oben nach unten Streifen für Streifen aufgetragen, wobei man den Rahmen am besten schräg hält, so daß sich keine Pfützen bilden können. Mehrfarbiges Bemalen erfordert besonders rasches Arbeiten, damit die Übergänge nicht zu sehen sind. Die Farbübergänge werden mit einem trockenen Wattebausch zusätzlich gut verrieben.

Die schönsten Farben und das dekorativste Muster bleiben allerdings wirkungslos, wenn nicht eine dem Auge angenehme Farbharmonie entsteht. Die ganze Vielfalt der Farben baut sich aus den drei Grundfarben Rot, Blau und Gelb auf. Diese Farben sind „rein", das heißt, daß sie sich nicht durch Mischen erzeugen lassen. Die Farben Violett, Orange und Grün entstehen, wenn man jeweils zwei der Grundfarben zusammenmischt. Aus Blau und Rot wird Violett, aus Rot und Gelb Orange und aus Blau und Gelb Grün. Dabei müssen Sie berücksichtigen, daß Gelb nicht so intensiv färbt wie Rot und Blau, so daß Sie beim Mischen mindestens doppelt soviel Gelb wie Rot oder Blau benötigen. Die Grundfarbe, die nicht zur Mischung der sogenannten Sekundärfarben gebraucht wurde, bildet zusammen mit der Mischfarbe die Kontrast-

Ein Farbverlauf in Rottönen

Die 3 Grundfarben und die dazugehörigen Kontrastfarben

farbe. Violett steigert die Wirkung von Gelb (und umgekehrt), Orange bringt Blau richtig zum Leuchten, und Grün läßt Rot strahlen. Natürlich kann man das Mischungsverhältnis zweier Grundfarben beliebig variieren und so viele verschiedene Töne erzielen.

In der Natur kommen die Töne in der Regel nicht in ihrer reinen Ausprägung vor, sondern weit häufiger sind gebrochene, grauwertige Mischtöne. Diese Mischtöne wirken wärmer als die reinen Farben, und wir empfinden sie meist als angenehmer. Das Mischen von gebrochenen Farben erfordert etwas Übung. Man muß dem Gemisch aus den zwei Grundfarben einige Tropfen der dritten Grundfarbe zugeben, ein Grün also mit etwas Rot brechen oder ein Violett mit Gelb dämpfen. Viele verschiedene Mischtöne können auf diese Weise hergestellt werden. Experimentieren Sie ruhig ein bißchen, denn auch das Farbenmischen ist keine Hexerei, sondern läßt sich üben.

Eine weitere Möglichkeit, zusätzlich Farbabstufungen zu erzielen ist, die Farben zu verdünnen. Je stärker eine Farbe verdünnt wird, um so heller — bis hin zum Weiß — wirkt sie. Soll eine Farbe dagegen abgedunkelt werden, müssen Sie sie mit Schwarz, Gelb oder Braun vermischen. (Grau entsteht, wenn sie Gelb, Rot und Blau zu gleichen Teilen mischen, Braun ergibt sich aus 7 Teilen Gelb, 3 Teilen Rot und 2 Teilen Blau.)

Für den Anfang und wenn Sie sich ganz unsicher sind, können Sie nach folgender Faustregel verfahren: Planen Sie Ihr Tuch in einer Grund- und der dazugehörigen Kontrastfarbe. Eine der beiden Farben verwenden Sie als Hauptfarbe, die in vielen Tönen und Abstufungen erscheint und den Charakter des Bildes prägt, die andere Farbe wird nur spärlich eingesetzt und liefert die Akzente und den „Pfiff". Planen Sie zum Beispiel ein Tuch ganz in Rottönen, dann können Sie die Wirkung des Motivs durch ein paar grüne Tupfer steigern. Aber wie immer bei allen kreativen Arbeiten: Das sind alles nur Tips und Empfehlungen. Lassen Sie sich ruhig von Ihrem eigenen Farbempfinden leiten, denn schön ist, was gefällt.

Ein Farbverlauf in Blautönen

TECHNIKEN DER SEIDENMALEREI

KONTUREN IN GUTTA

Um die Farben am Verlaufen zu hindern, kann man die Muster mit Konturenmittel (Gutta) vorzeichnen. Am schönsten sieht das aus, wenn man die farblosen Guttalinien auf eine zartfarbene Grundierung setzt, denn dann sind die Linien nach dem Auswaschen oder Reinigen nicht mehr zu sehen (verdeckte Guttatechnik). Trägt man die Gutta auf die unbemalte Seide auf, erscheinen an der Stelle später weiße Striche oder Flächen, was natürlich auch sehr gut aussehen kann. Gutta gibt es benzin- und wasserlöslich, farblos und farbig. Farblose Guttalinien werden später wieder entfernt, die farbigen bleiben dagegen als permanente Schmucklinien stehen.

Gutta wird mit einem Plastikfläschchen, auf das eine Metallspitze gesetzt wird, oder direkt aus einer Tube aufgetragen. Achten Sie darauf, daß Ihre Guttalinien gleichmäßig und geschlossen sind, da durch eventuelle Lücken die Farbe auslaufen kann.

Wenn Sie alle Guttalinien angebracht haben, müssen Sie die Arbeit etwa 20 Minuten ruhen lassen, damit die Gutta trock-

Die Konturen werden mit farbloser Gutta aufgetragen. Anschließend 20 Minuten trocknen lassen

nen kann. Erst dann können Sie mit dem Ausmalen des Musters beginnen. Sie sollten dabei nicht zu viel Farbe in den Pinsel nehmen und auch nicht direkt entlang der Guttalinien malen, damit die Farbe nicht über die Begrenzung hinausläuft. Haben Sie etwas Geduld, die Farbe breitet sich ganz allein bis in alle Winkel aus. Arbeiten Sie bei größeren Flächen zügig von einer Seite zur anderen, damit keine Trockenränder entstehen.

Abgegrenzte Flächen lassen sich gut von hell nach dunkel schattieren, indem man zunächst die hellste Stelle mit Wasser ausmalt, die Farbe an der dunkelsten aufträgt und mit einem Wattestäbchen in die helle hineinreibt.

Bei diesem Tuch mit Ackerwinde wurden die Guttalinien teilweise auf die unbemalte Seide und teilweise auf schon eingefärbte Partien gesetzt

SALZ-EFFEKTE

Eine der einfachsten und trotzdem effektvollsten Techniken der Seidenmalerei ist die sogenannte Salztechnik. Dazu werden einfach Salzkristalle auf die noch nassen Farbflächen gestreut. Das Salz zieht das Wasser aus der Farbe, wobei sich die Farbpigmente als dunkle Punkte oder Linien um das Salzkorn gruppieren. Lassen Sie diesem Vorgang Zeit, seine ganze Wirkung zu entfalten. Erst wenn die Arbeit völlig trocken ist, darf das Salz abgebürstet oder -geschüttelt werden.

Sie können für diese Technik grobkörniges Brezelsalz (Feinkostgeschäft) oder Effektsalz (Bastelgeschäft) verwenden. Achten Sie darauf, daß das Salz nicht feucht ist, denn dann kann es kaum noch Wasser aufnehmen. Im Zweifelsfall trocknen Sie es vor der Verwendung auf der Heizung oder erhitzen es kurz in einer Pfanne. Zu naß darf die Farbfläche, auf die das Salz aufgestreut wird, auch nicht sein, denn dann „ertrinken" die Körner, und der erwünschte Effekt bleibt aus. Steuern läßt sich die Wirkung, indem man das Salz in bestimmten Formen — zum Beispiel Linien oder Kreisen — auf die Fläche legt. Besonders die wasserverdünnbaren Javanna-Farben reagieren auf die Salzkristalle sehr gut.

Diese Technik läßt sich gut mit der Guttatechnik kombinieren, indem man zum Beispiel einzelne abgegrenzte Flächen wie Blätter und Blüten damit belebt.

Die Struktur der roten Blüten entstand durch das Auflegen von Salzkörnern auf die noch nassen Farbflächen

ALKOHOL- UND WASSER-EFFEKTE

Die manchmal unerwünschte Eigenschaft der Seidenmalfarben, auf ungleichmäßigen Auftrag von Flüssigkeiten mit Rändern zu reagieren, läßt sich gezielt zur nachträglichen Strukturierung einer Farbfläche einsetzen. Fährt man mit einem in Spiritus getauchten Pinsel über die Farbflächen, wird das Tuch an dieser Stelle entfärbt, da die Farbe quasi weggerieben wird. Die gelösten Farbpigmente wandern an die Ränder der mit Alkohol benetzten Flächen und sammeln sich dort als dunkle Linie. Nimmt man noch einen Fön zur Hilfe, läßt sich die Ausbreitung der Ränder steuern, denn in dem Moment, wo die Flüssigkeit verdampft ist, stoppt der Prozeß. Diese Technik läßt sich allerdings nur mit französischen Seidenmalfarben befriedigend durchführen.
Ganz ähnliche Effekte lassen sich aber auch einfach durch das Auftragen von Wasser auf die Farbflächen erzielen, wobei wellenartige und noch kräftiger gefärbte Ränder entstehen. Diese Technik eignet sich sowohl für dampf- als auch für bügelfixierbare Farben, wobei bei letzteren die Töne aber nur aufgehellt werden.
Beide Techniken lassen sich sehr gut mit der Guttatechnik kombinieren, weil man damit sowohl kleine, abgegrenzte Farbflächen wie auch größere reizvoll beleben kann.
Die stärksten Effekte erzielt man mit diesen Techniken nur auf trockenen Farbflächen.

Die Blattrippen hier entstanden durch Alkoholeffekte. Deutlich ist zu sehen, wie die Mitte der Farbflächen entfärbt sind und die Ränder dunkel werden

AQUARELL-TECHNIK

Natürlich kann man auch Muster malen, ohne sie vorher mit Guttalinien abzugrenzen. In Aquarelltechnik entstandene Muster haben keine glatten Ränder, sondern wirken durch ihre lebendigen Unregelmäßigkeiten. Dicht nebeneinandergesetzte Farben verlaufen ineinander und bilden reizvolle Mischfarben. Auf einem mit Wasser angefeuchteten Untergrund verlaufen die Farben nicht so stark wie auf einem trockenen. Läßt man die erste Farbe trocknen, bevor man die nächste danebensetzt, entstehen interessante dunkle Trockenränder.

Sollen die Farben aber nicht ineinanderlaufen, muß man den Farben entweder ein Verdickungsmittel zusetzen oder die Seide vor dem Bemalen grundieren. Grundierungsmittel kann man fertig kaufen oder mit benzinlöslicher Gutta, die mit der 10fachen Menge Waschbenzin verdünnt wird, selbst herstellen. Auf einer solchen Grundierung kann man dann wie auf Papier malen.

Eine zweite Möglichkeit ist das Grundieren mit einer Salzlösung (250 g Kochsalz werden in 1 l heißem Wasser gelöst). Nach dem Erkalten wird die Lösung durch einen Kaffeefilter gegossen und die Seide damit imprägniert.

Blumenmuster ohne Begrenzungen

Grundiert man die Seide mit einem Gutta-Benzin-Gemisch, kann man darauf wie auf Papier malen

Eine kräftige Salzimprägnierung bewirkte die Entstehung der korallenartigen Strukturen, die besonders gut auf dem blauen Hintergrund zu erkennen sind

ABMALEN UND FREIES GESTALTEN

SELBST ENTWERFEN MACHT SPASS

Die beigelegten Pausvorlagen sollen gerade für Anfänger eine Hilfe sein, sich an die Seidenmalerei heranzuwagen. Da das Material ja recht teuer ist, möchte man natürlich keine Mißerfolge riskieren.
Als Vorlagen stehen aus Platzgründen nur Ausschnitte des Gesamtmusters eines Tuches zur Verfügung. Wie Sie diese Vorlagen auf Ihrer Arbeit arrangieren und mit welchen zusätzlichen Linien, Farbflächen, Blättern oder Ranken Sie die Komposition vervollständigen, bleibt ganz Ihnen überlassen.
Um sich eine Abpausvorlage selbst herzustellen, brauchen Sie neben Pauspapier auch ein ausreichend großes Stück Papier, auf dem Sie das gesamte Muster festhalten können. Für Tücher rechnet man dabei 90 x 90 cm, ein Schal hat die Maße 140 x 35 cm. Transparentpapier eignet sich besonders gut als Unterlage, da man die ausgeschnittenen Musterteile beliebig aufkleben und — wenn nötig — auch wieder ablösen kann. Zudem kann man darauf auch sehr gut mit Tusche oder Filzstift malen. Aber jedes andere ausreichend große, einfarbige Papier ist natürlich auch geeignet.
Manche Tücher haber nur ein Hauptmotiv, das Sie dann von der Vorlage abpausen können. Auf anderen Tüchern und Schals wiederholt sich ein Motiv immer wieder. In der Vorlage werden Sie es allerdings nur einmal abgebildet finden, so daß Sie es unter Umständen mehrfach abpausen müssen. Das ist auch bei dem hier als Beispiel gewählten Schal mit Osterglocken der Fall.
Bei der Flächenaufteilung können Sie sich nach dem Modelltuch richten, aber auch eigene Ideen verwirklichen. Ein Muster, das sich um den Rand herumzieht, kommt beim Tragen

Das fertig bemalte Tuch mit Osterglocken

besonders gut zur Geltung. Ein Mittelmotiv kann sehr dekorativ zu den Rändern hin verlaufen. Ein solches Motiv kann natürlich auch eine Ecke schmücken. Ein Streumotiv wird dagegen über die ganze Fläche des Tuches verteilt, unter Umständen auch noch mit verkleinerten Formen ergänzt, und die Abstände der Muster werden spannungsreich variiert.
Haben Sie dann erst etwas Übung im Gestalten von Tüchern und Schals gewonnen, werden Sie sicher den Wunsch haben, nach eigenen Entwürfen zu arbeiten.
Motive und Anregungen finden sich überall. Sie können auf den Tüchern eine Phantasiewelt entstehen lassen oder ein Abbild der Wirklichkeit, streng geometrische oder wild geschwungene Formen wählen — wenn Sie erst einmal angefangen haben, werden Sie merken, wieviel Spaß es macht, selbst Motive zu kreieren.

Das Motiv mehrfach abpausen. Die einzelnen Blüten ausschneiden und möglichst dekorativ auf dem Papier arrangieren

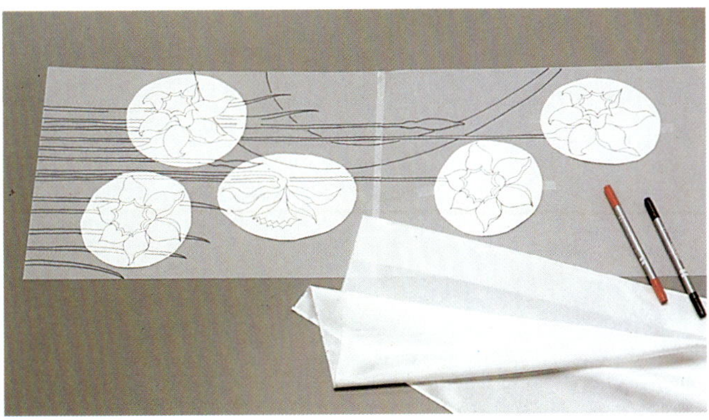

Steht die Verteilung der Blüten fest, brauchen Sie nur noch Blätter und die Trennlinien der Farbflächen mit dickem Filzstift hinzuzumalen

SO WIRD DIE ARBEIT FERTIGGESTELLT

Ein richtig genähter Rollsaum ist nur 2–3 mm breit

Ist das Tuch oder der Schal fertig bemalt und die Arbeit gut getrocknet, müssen die Farben durch Fixieren haltbar gemacht werden. Bei den bügelfixierbaren Javanna-Farben geschieht das durch Bügeln. Dafür wird das Tuch oder der Schal zunächst mit dem Fön etwa zwei Minuten vorfixiert und dann in kaltem Wasser ausgespült. Dabei werden nicht nur die überschüssigen Farbpigmente herausgespült, sondern auch die farblosen Guttalinien herausgewaschen, da diese beim Erhitzen verkleben würden.
Anschließend wird die Seide kurz ausgedrückt, zwischen alte Tücher gerollt und noch naß mit der Einstellung „Baumwolle" von links trockengebügelt. Nun sind die Farben licht- und waschbeständig.
Französische Seidenmalfarben sollen, bevor sie fixiert werden, 24 Stunden durchtrocknen. Das Dampffixieren selbst kann hier nicht erklärt werden, denn das würde den Rahmen dieses Büchleins sprengen. Da inzwischen die meisten Bastelgeschäfte einen Fixierservice anbieten, können Sie dieses Angebot nutzen und sich das etwas mühsame Fixieren zu Hause ersparen.
Zum Schluß müssen die Tücher oder Schals noch gesäumt werden. Vor dem Säumen reißt man alle unsauberen Kanten ab, so daß nach allen Seiten ein gleichgroßer, etwa 1 cm breiter Rand stehenbleibt, der mit einem Rollsaum versäubert wird.

Um einen Rollsaum zu nähen, muß man den Stoff möglichst schmalkantig einschlagen und den Anfang mit einer Stecknadel fixieren, die man sich am besten auf dem Schoß feststeckt, damit der Stoff nicht wegrutscht

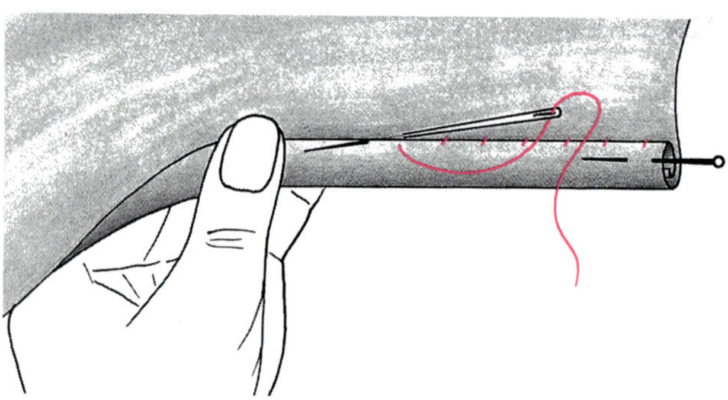

Dieses Tuch wirkt besonders durch die Kontraste der verschiedenen Blautöne mit den weißen und rosa Farbflächen. Die Guttalinien wurden teilweise auf die unbemalte Seide und teilweise auf die grundierten Flächen gesetzt

GALERIE DER SCHÖNSTEN TÜCHER UND SCHALS

Bei diesem Streumuster wurden die Blüten spannungsreich auf der gesamten Fläche verteilt und anschließend noch mit Ranken und Blättern dekoriert

Dieses dekorative Mittelmuster auf weißem Grund besteht aus 3 stilisierten Mohnblüten, die durch Blätter und weiße Margariten umrahmt werden

Die 3 weißen Callablüten, die als Eckmotiv angeordnet sind, wurden mit Guttalinien ummalt und die Umrandungslinien mit Hilfe eines Hohlkantenlineals gezogen. Die feine Struktur der Blüten entstand auf einer Gutta-Benzin-Imprägnierung

Dieses Streumotiv mit Lotosblüten wurde auf einen kontrastreichen Hintergrund gesetzt. Die geraden Linien entstanden mit einem Hohlkantenlineal, dessen Kante nicht auf der Seide aufliegt. Die Blätter wurden in der Mitte mit Hilfe der Alkoholtechnik aufgehellt

Beide Tücher entstanden in derselben Technik: Auf einem Farbverlauf von Blau-, Lila- und Grüntönen wurden die Muster mit farbloser Gutta

vorgezeichnet und schwarz ausgemalt. Schwarz sollten Sie übrigens nicht selbst versuchen zu mischen, sondern besser kaufen

So verschieden die beiden Tücher im Format sind, so viel Ähnlichkeit haben sie in ihrer Entstehung: Bei beiden wurde das Muster zunächst mit Guttalinien auf die unbemalte Seide aufgetragen. Auch die Farbgebung – blaugrüne Töne kontrastieren mit gelborangen – ist sehr ähnlich

Die zarten Falter wurden versetzt in Reihen auf das Tuch gemalt. Dies ist eine der einfachsten und trotzdem wirkungsvollsten Möglichkeiten, eine Fläche zu mustern

Auch ganz einfache geometrische Muster, die jeder ohne Schwierigkeiten selbst entwerfen kann, kommen auf einem Schal immer sehr wirkungsvoll zur Geltung

Die blumigen Randornamente, die an Jugendstilblüten erinnern, wurden mit den einfachen geometrischen Formen des Mittelmotivs effektvoll kombiniert. Das gesamte Tuch wurde vor dem Bemalen rosa grundiert. Eine solche Grundierung, die sich mit allen darübergesetzten Farben vermischt, erleichtert die Farbharmonie

Mohnblüten in allen Variationen gehören zu meinen Lieblingsmotiven. Auffallend ist bei diesem Tuch der starke Kontrast von Grün und Rot gegen das Schwarz. Das Rot der Blüten wird in dem ausgeprägten grafischen Randornament, das in einem spannungsreichen Gegensatz zu den geschwungenen Blüten steht, noch einmal aufgegriffen

Dieses rein abstrakte Muster wird von dem Farbkontrast zwischen Rosa und Schwarz geprägt. Als Gegengewicht wurden ein paar hellbraune Farbflächen in das Muster integriert. Der breite weiße Rand steigert die Wirkung der Gesamtkomposition

Tuch und Schal sind mit ganz ähnlichen Ornamenten geschmückt und auch in der Farbgebung vergleichbar. Beide Tücher wurden mit einem Farbverlauf von Gelb zu Graublau grundiert

In der FALKEN Reihe „Schönes Hobby" sind zum Thema Seidenmalerei unter anderem auch folgende Titel erschienen:
„Seidenmalerei Kissen" (Nr. 5151)
„Seidenmalerei Landschaften" (Nr. 5153)
„Seidenmalerei Lampenschirme" (Nr. 5154)
„Seidenmalerei Blusen und T-Shirts" (Nr. 5184)
„Seidenmalerei Tiermotive" (Nr. 5204)
„Seidenmalerei mit Kreidestiften" (Nr. 5208)
„Seidenmalerei Applikationen" (Nr. 5224)
„Apartes aus bemalter Seide" (Nr. 5274)

Außerdem ist im FALKEN Verlag die Videokassette „Seidenmalerei leicht gemacht" erhältlich (VHS, Spieldauer ca. 30 Minuten, in Farbe, Nr. 6173).

gedruckt auf chlorfreiem Papier

ISBN 3 8068 5152 2

Titelbild und Fotos: Isabella Wirth, Niedernhausen; Werbephotographie Bernd Müller, Augsburg: Seite 8
Umschlaggestaltung: Peter Udo Pinzer
Vorlagebogen: Ulrike Hoffmann, Bodenheim
Layout: Design Christiane Rauert, Dortmund
Die Ratschläge in diesem Buch sind von der Autorin und vom Verlag sorgfältig erwogen und geprüft, dennoch kann eine Garantie nicht übernommen werden. Eine Haftung der Autorin bzw. des Verlags und seiner Beauftragten für Personen-, Sach- und Vermögensschäden ist ausgeschlossen.
Satz: Dinges & Frick GmbH, Wiesbaden
Druck und Bindung: Ludwig Auer GmbH, Donauwörth

02 5152 88X 161 514 131 211 109 8